삶의 향기

김연수 시와 형태화

삶의 향기

초판 1쇄 발행 • 2025년 7월 15일

지은이 • 김연수

펴낸이 • 최성훈
펴낸곳 • 작품미디어
신고번호 • 제2020-000047호
주소 • 서울시 동작구 상도로 62가길 15-5(상도동)
메일 • jakpoommedia@gmail.com
블로그 • https://blog.naver.com/cshbulldog
전화 • 010-8991-1060
ISBN • 979-11-991417-2-8 (03810)

ⓒ 김연수, 2025

- 이 책은 저작권법에 따라 보호를 받는 저작물이므로 무단 전재 및 무단 복제를 금합니다.
- 책값은 뒤표지에 표시되어 있습니다.
- 잘못된 책은 구입처에서 교환해 드립니다.

시작하며

끈기 있게 부지런히 살아온 삶의 향기

　새벽 동이 트고 붉은 태양 빛이 떠오르듯, 빠르게 스쳐 지나가는 세월은 내 마음을 재촉합니다. 누구나 처음 살아가는 하루하루의 삶에서 찰나의 순간에 대한 미련이 지나간 시간을 추억으로 간직하게 합니다.

　나와 가족, 이 세상 모든 이들과 사랑하며 살아가는 게 꿈이라면 꿈입니다. 시간은 수평으로 이어지지 않고 수직으로 연결되는 듯하지만, 소소한 하루 일상은 수직 아닌 수평으로 여러 기억과 만나 추억을 만들어 갑니다.

　시와 그림 그리는 하루하루 일상을 기억과 추억으로 모아 세 번째 책을 내는 기회를 맞게 되었습니다. 인생에서 결코 적잖은 세월을 머금은 순간들을 틈틈이 써서 추억으로 간직하려 했습니다.

    시 쓰기는 항상 품에 지닌 스마트폰을 이용해 써 내려갔고, 뒤에 실린 형태화는 화선지 바닥에 먹물과 동양화 물감으로 하나하나 완성해 보았습니다. 시 쓰기와 그림 그리기는 순간 몰입해 얻어진 결과물들입니다.

    지난 세월을 돌아봅니다. 학창 시절 때 학원 수업을 받으며 미래의 꿈을 펼쳐 가던 친구들을 보며 내심 부러워했던 나의 사춘기 시절이 이제야 치유되는 기분입니다. 남들보다 늦게 시작한 시 쓰기와 그림 그리기는 그래서 나에게는 몰입의 과정이자 힐링의 순간들입니다.

    이렇게 모은 작품들을 보면서 스스로 돌이켜보면 끈기 있게 부지런히 살아온 삶의 향기가 배어 있는 것 같습니다. 모쪼록 너그러운 마음과 따뜻한 시선으로 감싸주시길 바랍니다.

차 례

시작하며 - 끈기 있게 부지런히 살아온 삶의 향기 • 4

| 제1부 | 처음 사는 인생

마음과 말 • 16

그날의 행복 • 17

빛과 같은 인연 • 18

마음의 참모습 • 19

나의 철학 • 20

삶은 과정 • 21

기질과 천재 • 22

남은 세월 • 23

마니산 • 24

존재적 삶 • 25

문자 한 통 • 26

발전 • 27

지혜와 통찰 • 28

배움에는 끝이 없다 • 29

법보다 덕 • 30

예술과 철학 • 31

평생 계획 • 32

항상심 • 33

희로애락 • 34

극심한 현실 • 35

7월 17일 • 36

| 제2부 | 순간에 대한 애착

공연 • 38

버려진 괘종시계 • 40

가을빛 • 41

몽둥이 나무 • 42

기회 창조 • 43

동기 • 44

마음의 밭 • 45

본질 • 46

생각과 행동 • 47

빠른 변화 • 48

인생은 수학이 아니다 • 49

새로운 탄생 • 50

편견 • 51

소나무 숲 • 52

아침형 삶 • 53

여백 • 54

짝사랑 • 55

하루의 선물 • 56

혁신 • 57

싱크홀 • 58

순간순간의 삶 • 59

아름다운 인연 • 60

| 제3부 | 사랑의 미래

늘 감사 • 62

김장철 • 63

다듬잇돌 • 64

김치밥 • 65

매미의 울분 • 66

민들레 • 67

사색의 힘 • 68

버스 • 70

삶은 철학 • 71

봄눈 • 72

북한산 계곡 • 73

쑥개떡 • 74

생각은 씨앗 • 76

옛 발라드 • 77

석양 • 78

작은 소망 • 79

소박한 산책지 • 80

영화관 • 81

순간의 기쁨 • 82

향기 • 83

찜방 • 84

| 제4부 | 시 쓰는 오후

까치 행동 • 86

가로수 • 88

마무리 하루 • 89

녹지 광장 • 90

물안개 • 91

산행 • 92

봄맞이 • 93

서오릉 • 94

시간 • 96

짧은 청년기 • 97

언어는 존재의 집 • 98

코스모스 • 99

자연 전쟁 • 100

최후의 승자 • 101

환경 • 102

폭우 • 104

| 형태화 | 삶의 향기

작은 습관이 큰 성과를 주게 된다. • 106

낭비와 과소비는 자신의 재산을 도둑질하는 것이다. • 107

경험은 최고의 교육이다. • 108

백 마디 말보다 한 가지 실천이 소중하다. • 109

삶에는 끝이 있지만, 배움에는 끝이 없다. • 110

자기 자신을 알아야만 세상을 알 수 있다. • 111

꾸준한 노력과 실천은 성공의 길이다. • 112

과거는 미래의 등불이다. • 113

책은 마음속 씨앗이다. • 114

책은 미래의 꿈이 될 수 있다. • 115

모든 해결의 열쇠는 자신이 쥐고 있다. • 116

기회를 가질 수 있는 사람은 준비가 된 사람이다. • 117

몰입은 인생을 바꾸는 기초가 될 수 있다. • 118

멀리 있는 것을 욕심내다 가까운 곳에 있는 것까지 잃게 된다. • 119

총명한 사람도 기록하는 게 더 좋다. • 120

자연의 순리대로 사는 게 아름답다. • 121

하루의 계획은 새벽에 활용하면 좋다. • 122

책은 지식을 쉽게 내 것으로 만들 수 있다. • 123

때에 알맞게 행동하는 인생이 현명한 삶이다. • 124

봄에 씨를 뿌려야만 가을에 수확할 수 있다. • 125

덕을 아는 사람은 외롭지 않다. • 126

현실적으로 살다 보면 이상을 실현할 수 있다. • 127

좋은 마무리는 좋은 시작에서 출발한다. • 128

똑똑해도 바른길을 가지 않으면 그 성공은 오래가지 못한다. • 129

자신의 잘못은 책망해도 남의 잘못은 책망하지 말자. • 130

유익한 책은 독자가 만든다. • 131

학력은 높아졌지만, 인격은 더 부족하다. • 132

자기 자신이 현명하다고 생각하면 바보다. • 133

쓸모없는 것이 오히려 쓸모 있는 것이 될 수 있다. • 134

하루에 아침을 두 번 맞이하지 못한다. • 135

아무리 쉬운 일이라도 중간에 포기하면 이룰 수 없다. • 136

돈으로 산 충성심은 돈과 같이 사라진다. • 137

느린 것은 죄가 아니고 게으른 것은 죄다. • 138

노력은 많은 것을 바꾼다. • 139

아침에 잠을 자는 사람은 꿈을 꾸지만, 깨어 있는 사람은 꿈을 이룬다. • 140

자신에 대한 불성실은 최대의 정신적 범죄다. • 141

시계는 살 수 있지만, 시간은 살 수 없다. • 142

꿈을 가지고 사는 사람은 현실을 이룰 수 있다. • 143

행복은 성공의 열쇠다. • 144

지혜로운 사람은 모든 것에 미혹되지 않는다. • 145

아는 만큼 세상을 볼 수 있다. • 146

인생 이모작을 준비하며 사는 게 현명하다. • 147

내가 알고 싶은 것은 모두 책에 있다. 책은 나의 가장 좋은 친구다. • 148

혼자 있을 때 바르게 생활하는 사람은 어디를 가도 잘할 수 있다. • 149

본바탕이 바르면 행동도 바르게 된다. • 150

받는 기쁨보다 주는 기쁨이 더욱 좋다. • 151

행동하지 않으면 말은 아무런 소용이 없다. • 152

한 부분만 보아도 전체를 짐작할 수 있다. • 153

어른은 등을 먼저 보여주고 길을 여는 존재다. • 154

처음 시작은 용기 있는 사람만이 할 수 있다. • 155

말은 줄이고 행동을 알차게 해야 한다. • 156

큰일을 이루려면 작은 곳에서부터 시작하는 게 좋다. • 157

운명은 자기 마음속에서 성장하는 것이다. • 158

공짜는 바라지 말자. • 159

행복은 가까이에 있다. • 160

실패는 더 배우라는 교훈이다. • 161

삶에도 여백과 공간이 있어야 아름답다. • 162

정성을 다하고 나면 기적도 바랄 수 있다. • 163

인맥보다 자기 계발하며 살자. • 164

좋은 인연은 내 안의 빛과 같다. • 165

후회보다 만족하는 하루를 보내자. • 166

몰입하며 사는 인생은 즐겁고 행복하다. • 167

달변보다는 진실한 한마디가 더 감동을 준다. • 168

평균 수명은 늘어났지만, 시간 속에 삶의 의미를 넣는 법은 상실했다. • 169

성공한 사람은 긍정적인 사고방식과 포기하지 않는 강한 열정이 있다. • 170

늦었다는 순간을 시작이라고 생각하면 빠른 길이 될 수 있다. • 171

진정한 경쟁 상대는 오로지 자신이다. • 172

좋은 사람 찾지 말고, 먼저 좋은 사람이 되자. • 173

배우기에 힘쓰는 사람은 유능하다. • 174

친구들 우정은 자신에게 주는 선물이다. • 175

큰일을 할 때는 반드시 시작과 끝을 신중히 해야 한다. • 176

성공은 노력과 도전만이 지름길이다. • 177

길은 잃어도 친구는 잃지 말자. • 178

젊어서 노력하면 늙어서는 기쁨뿐이다. • 179

삶의 의미는 만들어 가는 것이다. • 180

지난 과거는 현재를 알게 하는 길이다. • 181

평생 배움이 삶의 진실이 될 수 있다. • 182

열심히 살아가는 모든 직업인은 예술가다. • 183

우리가 존중해야 하는 것은 단순한 삶이 아니라 올바른 삶이다. • 184

덕 있는 사람은 가까이 가면 향기가 난다
배려와 존중은 사람의 마음속 깊이 따뜻함을 전한다

제1부

처음 사는 인생

마음과 말

말로는 마음을
움직일 수 없지만
행동은 마음을
움직인다

번드르르한 말보다
정확하고 투명한 행동이
신뢰감을 더 주지 않을까?

그렇지만
말 한마디로
천 냥 빚을 갚을 수 있다고 하는데

말과 행동이
일치하면
금상첨화
더 노력하며 살자

그날의 행복

다람쥐 쳇바퀴 생활

언제나 그날이 그날

그렇지만 나의 삶은 행복하다

길지 않은 인생길

행복도 불행도 모든 게

마음먹기에 달려 있다고 한다면,

긍정적인 생각

나만의 몰입으로 오늘도

만족한 하루와 함께

귀가한다

빛과 같은 인연

가족, 스승, 친구

나에겐 빛과 같은

소중하고 고마운 인연들

타고난 너의 복이야

지인들의 말씀

모든 인연의

보물을 가졌으니

감사하며 열심히

주어진 길 가는 게

보답이라

생각하리

마음의 참모습

고요한 곳에서의
고요함은
참다운 고요함이 아니며
소란한 가운데
고요함이야말로
신성함이듯
즐거움 가운데서
즐거운 마음
지니는 것은
참다운 즐거움이 아니라네
괴로운 곳에서
즐거운 마음을 얻을 때
마음의 참모습을 볼 수 있으며
고난의 터널을 지나온
경험자만이 참된
삶의 가치를 알 수 있다
선현의 말씀
오늘 되짚어 보다
내 마음의 저편을 만났다

나의 철학

시인 예이츠는 말했지
육체는 노쇠해도
예지는 밝아오는 법이라고.
10대, 20대는 순리대로
순수하게 살았지만
30대부터
한 아이의 엄마가 되면서
배움의 길에
모험을 떠나는 아이처럼 나섰다네
지금도 그 길 위에서
예지를 찾고 있으니,
몸은 비록 세월에 닳아가도
마음만은 여전히
청춘이라네

삶은 과정

삶은 결과보다 과정
누구나 목표를
향해 달려가지만
종착역 가는 길
희, 로, 애, 락
모두 거치며
나아가는 과정이야말로
선물 같은 보상
아쉬움 속에
한 해를 보냈을지라도
앞으로 걸어가야 할
소중한 시간
생각하면
다시 뭉클해진다

기질과 천재

모든 예술가는

아름다운 꽃을 피워내는 존재

작업 방식은

저마다 다르지만

천재성 못지않게

자신만의 노력과 꾸준함이야말로

최고의 덕목임을

증명하고 싶었다

대가(大家)인 어느 분은

아무리 힘든 하루를 보냈어도

다음날 이른 새벽엔

마치 지구가 황도를 따라가듯

갈고 닦은 자신의 습성을 따라 붓을 든다는데,

나 또한 그러한 습성을 기질로 삼아

살게 되었으니, 이 얼마나

감사한 일인가!

남은 세월

눈뜨면 아침
돌아서면 저녁
월요일인가 하면
어느새 주말
세월의 속도는
나의 얼굴과 몸동작에
흔적을 남긴다
마음과는 다른
초고속 시간의 흐름
그래도 물 흐르듯
긍정의 마음으로
지혜로운 삶을 만나고 싶다

마니산

강화도를 찾은 길에

마니산에 올랐다

산 정상에는

단군왕검이 하늘에 제를 올리던

참성단이 있다길래

체험관에 들러

마니산과 단군왕검의 역사를 공부했다

부족한 지식에 다시 한번

마음을 열고 귀를 기울였다

학창 시절 교과서를 통해 머리로 배웠던 내용이

분석과 상념의 그물 사이로

새롭게 살아났다

문득, 내 몸에 새겨진 세월이

나를 완숙하게 다듬어 주고 있다는 걸

깨달았다

마니산에서였다

존재적 삶

무언가 내 것으로
만들고자 애쓰면서
살아온 삶

주어진 과정
감각적으로 누리며
진정한 경험에
순리대로 살아온 삶

좋은 습관 학습해
나만의 존재적 삶이
스며들었지

남은 노년의 삶에도
모든 것을 긍정하면서
마음의 여유를 가지고
순리에 따르는 삶을 살고 싶다

문자 한 통

이른 새벽 카톡으로
늘 좋은 글 보내주시는
스승님께 감사
문자 한 통과 더불어
나를 채워가는
하루의 시작
가벼운 몸동작 후
습관적 붓놀림에
자존감이 생기며
나만의 새벽 시간에 살이 오른다
숨결을 쥐고 있는 한
뜻 있고 보람찬 나날로
살겠다는
나의 다짐

발전

수면 중에만 쉴 수 있는
나의 생각,
많은 잡념과 매일 해야 하는
일과들…
나의 뇌는 바쁘다
나날이 발전하지 않은 사람은
퇴보한다는
맹자님 말씀
교훈을 새로 써야지
그날그날
약속된 나만의 계획을
실행에 옮기며
사는 게 최선이라고

지혜와 통찰

독서를 통해

상황을 이해하고 본질을 꿰뚫는

지혜를 얻고 싶었다

그런 마음으로 이른 새벽

책을 펼치고 생각을 가다듬었다

앞으로도 어떠한 환경에 처할지라도

지혜와 통찰을 얻는

새벽 독서를 이어갈 것이다

독서는

새로운 세상으로 나아가는

나만의 창이다

배움에는 끝이 없다

평생 배우며 살아가는 것이
사람인 것 같다
책을 읽다 보면
많은 것을 모르고 살았구나
살갗을 뚫고 나오는 느낌들

남이 고생하여 얻은 지식을
쉽게 내 것으로 만들 수 있다는
포만감이 느껴질 때
더욱 의구심이
치솟는다

법보다 덕

덕 있는 사람은
가까이 가면
향기가 난다
배려와 존중은
사람의 마음속 깊이
따뜻함을 전한다
강제와 법의 복종은
무늬만 복종,
내면에서 우러나는 복종은
덕으로만 가능하다
그러니
덕은 외롭지 않다
반드시 알아줄 이웃이 있다
논어의 한 문장이
심금을 울리며
자숙하게 만든다

예술과 철학

반평생 예술과 더불어
지내온 나의 삶,
순간순간이 빠른 스크린처럼 스쳐 간다
이마에 주름살이 늘고
신체도 변화하고 있지만,
돌아보면 주어진 삶에 충실했던
나만의 길,
홀로 자축하며 생각에 잠긴다
예술과 함께 살아올 수 있었던 원천은
긍정적 마인드,
그것은 늘 자존감을 새롭게 생기게 하고
다가올 시간과 맞서게 했다
지난 세월의 아쉬움을 흘려보내고
지금, 현재에 다시 한번 올인!
인생은 예술,
삶은 철학이니까

평생 계획

평생을 살아가면서
스스로 했던 약속,
나의 계획은
모든 순간
최선을 다하여
살아가는 것이었다
한 가지씩 완성하는 기쁨의 무게
시작이 반이다, 시작하여
끝맺음을 맺게 되면
성취감에 자존감도 크나크다
이 순간의 힐링, 기쁨은
나의 내면에서 강물을 이룬다

항상심

실전에서
자신의 실력은 30퍼센트
운 70퍼센트라고 하는데
시대의 변화로
모든 게 달라졌다
현 생활에 적응하며 살아가려면
언제나 배우고 또 배워야 한다
열심히 살아왔음에도
노년기로 접어든 나 역시
버벅거리며 새로운 환경에
몸을 맞추려고 노력한다
예습하는 정신으로
생활의 진화를 빠르게 터득하면서
운에 기대기보다는
노력과 실력을 쌓는 게
참된 삶의 자세이리라

희로애락

희로애락 헤치며
도착한 현재의 삶은
나에게 주는 선물

평생 걸어온 길
다시 가라 하면
가고 싶지 않네

더없이 소중한
지금 이 순간만이
나의 충만한 삶

생의 끝자락까지
최선을 다하며
살아가리라

극심한 현실

저출산, 고령화

현시대 우리나라 문제점

눈에 보이는 변화와 더불어

우리 내면의 가치관도

비교할 수 없을 만큼 달라졌지

첨단 시대를 사는 현대인

삶의 편리성은 높아졌고

모두가 굴곡 없는 길 위를 질주하고 있지만

돌아보면 모든 게 텅 비어 보이지

옛 삶은 풍족하진 않았으나

모든 것이 친숙했고

서로를 보듬는 인정과 마음씨

굴뚝 연기처럼 은은했던 시절

문득 되돌아가고 싶다

불편은 있겠지만,

그 시절의 구들장 같은 서툰 삶

다시 온기를 지필 수 있을 것만 같은데

나만의 생각일까?

7월 17일

헌법이 공포되던 날
또한,
약혼하고서도 열두 달을 보내고
결혼하였던 날
그날도 많은 비가 내렸지만,
예식 시간엔
청명한 날씨가
새로운 시간을 축복해 주었다
현재까지
잘 살아내고 있는 게
천운 아닐까?

제2부

순간에 대한 애착

공연

명성황후 뮤지컬

사전에 많은 역사적 사실 만나고

공연을 보았지만

드라마 느낌을 주는

뮤지컬은 담장 안과 밖에 켜지는 전등처럼

저마다의 장단점을 그려낸다

황후에 대한 평가는

각자의 소신에 따른 몫

그저 한 편의 미화된 드라마를 닮은 뮤지컬

긴 생각의 수평선을 거닌다

조선 시대 미완의 개혁

그 슬픈 최악의 고난 속에서

탄생한 현재,

자기 시대의 고난과 역경을
온몸으로 거친 경험자만이
인생 최고의
축복자가 될 수 있으리라

버려진 괘종시계

뎅~ 뎅~
길게 추를 늘어뜨리고
시간, 시간을 알리며 뽐내던
커다란 벽시계
언제나 마루 중심을 차지해
모든 가족에게
사랑받았지만
어느 때부터 곳곳에
재활용품도 아니 되어
구석에 버려져 있었다
문득
예전 툇마루에 앉아
태엽 감던
아버지 모습이
시계추처럼 길게 다가온다

가을빛

어두운 빛 스쳐 가는 새벽
지구를 용광로처럼 달구었던
태양 빛 떠나가고
솔솔 부는 가을바람
뺨을 스치니
금빛의 상쾌함 어깨를 출렁이고,
고온 무더위에
돌아누웠던 한여름의 몸도 다시 기상한다
가을빛 바람이 지난 자리
무겁던 머릿속
맑게 제자리를 찾고 왕성한 힘,
근육들처럼 단단하게 솟구친다

몽둥이 나무

봄맞이에 새잎보다
몽둥이 된 나무

아파트 주변 나무들
어느 날 모든 가지가 사라지고
새조차 갑작스러운 삭막함에 오질 않네

나무에게는 좋다지만
인공적으로
자연의 조화를
없애는 것은
아쉽기만 하네

기회 창조

현명한 사람은

기회를 창조하지

그것은 많은 심금을 울려

나의 뇌를 자극하고

변화를 불러오게 한다네

나 비록 천재는 아니지만

부지런한 습성과 끈기로

나만의 길을 여는

열쇠를 손에 쥐었다네

이제 작가의 길을 가는 한

최선을 다해 누군가의 심금에

가닿고자 한다네

기회는 늘 오는 것이 아니니

주어질 때, 창조하는 마음으로

그의 마음에 적중하리라

동기

성공한 사람들은

작은 동기가 한순간 큰 계기를 만들면서

새로운 변화를 거쳐

도약의 기회로 다가왔다고 말한다

누구나 살다 보면

많은 시련과 역경을 만나게 되지만

모두가 월계관을 쓰는 것은 아니다

강한 마음, 포기하지 않는

도전 정신으로 살아야만

동기를 찾고 기회의 손을 잡게 된다

모든 이들이

자신의 소중한 삶을 찾아

최선을 다해 살아가길

바라는 마음이다

마음의 밭

주어진 하루

긍정적인 마음으로

즐겁게 몰입

순식간에 시간이

흐른다

시간의 흐름과 속도가

나이에 비례한다는

선배님들 말씀에

공감하지만

자연의 순리대로

최선을 다하는 것만이

나의 습성,

주어진 시간

알차고 보람 있게

보내면 마음은

황금빛

본질

디지털과 데이터가

세상 변화를 불러오고 있지만

나는 아직도 서예와 그림

지필로 많이 하고

장소와 상관없이

편리하게 글을 남길 수 있어

여전히 펜과 종이를 가까이한다

버스나 지하철을 타면

고개를 숙이고

모두들 스마트폰에 얼굴을 묻은 모습,

본질을 지향하고 싶다는 건

나만의 생각일까?

생각과 행동

생각하면 즉시
행동으로 실행하는
급한 성격

잠시 멈추고 행하면
더 좋다는 걸 알지만
습관으로 굳어진
뇌 조직
어쩔 수가 없네

생각과 함께 행동에 옮겨진
많은 나날, 그때마다
매듭도 풀리고
일들이 말끔하게 정리되니
만족할 수밖에!

어쩔 수 없는 습관
바꿀 수 없다면
초심을 잃지 않고
살아가야겠다

빠른 변화

세계적으로
빠르게 바뀌는
AI 시대
인간 지능 모방
문제 해결 학습한 기계
데이터를 분석하고
패턴을 인식해
스스로 행동하는 기술
현대 사회 많은
산업변화 제시

내 안의 창의성
나만의 지식 창조 능력

필요한 부분
활용하는 것만이
인간의 능력
적응하며
살자

인생은 수학이 아니다

삶은 수학 공식과 같은

정확한 답이 없다

생각 방식에 따라 큰 차이로

각자의 인생관이 주어지며

큰 변화를 만들 수 있다

나 역시 창의적 생각을 가지고

살아가려면

변화를 수용하고

변화를 따라가는

마음 안에서 살아가야겠지

새로운 탄생

죽음은 인간에게만
주어지는 문제는
아닌 것 같다
천상의 행성들도
정해진 수명이 있다는데
살아 있는 모든
생명체는 세상에서
그 존재가 사라지면서
새로운 탄생의
에너지가 된다고 한다는데
나 또한 언젠가는
끝이 오겠지
이 순간부터 소중함을
느끼며 살아가리

편견

타인을 생각할 때
직관적으로 색안경 쓰고
선입견 가득한
본인 판단에 의지하는 것은
좋지 않다

살아온 세월 많은 인연
잠시 스쳐 갔던 사람들을
나도 모르게
새롭게 바라보게 된다

어쩌면 나 역시
그들로 인해
평가받고 있을 테지
오만은 갖지 말고,
긍정적인
마음으로 살아야 함을
다시 깨닫는다

소나무 숲

소나무 숲길을 걸으면
그들이 내뿜는 향기에
온몸이 젖어 든다
자기들이 서 있는 자리에서
사철 푸른 몸으로 가득
빛을 받으려 어깨동무하는 그들
죽 뻗은 몸보다
자유자재의 자세로
오가는 이들의
눈길을 어루만진다
그들 사이로
더욱 청명한 하늘이 내려앉고
솔향기에 취한 나는
몸과 마음이
아득하게 맑아진다

아침형 삶

아주 오랫동안
이른 새벽에 기상하는 게
습관이 됐다
평생 살아온 인생,
흙으로 돌아갈 때까지
내가 안고 갈 숙명이지
더 알차게 시간을 보내면
효율성도 늘어나고,
자존감도 높아지는 나의 생체리듬,
수면은 최소 7시간은 취하여야
건강에 좋다는데
습관화된 무의식의 힘에
늘 놓치고 있다
이제는 시간을 쪼개서라도 실행해야지

여백

마음, 생각, 말, 행동은
연결되어 있어
그중 한 가지만 다스리면
나머지도 다스려진다고는
하지만
나의 몸은
마음, 생각, 말, 행동이
온통 분리되어 움직인다네
분리된 나를 조정하는 건
삶의 여백,
나를 나답게 만드는
나만의 멋

짝사랑

내성적이었던 나만의 사랑법
고등학교 시절
한문 과목 선생님을 존경해
한문을
열심히 우뚝
최고 점수를 받는 게
나만의 사랑 표현이었지
덕분에 현재 전공
평생 길이 되었네

하루의 선물

새로운 환희의 시작
온몸을 스트레칭으로 깨우며
나만의 내공을
쌓기 위해 준비한다

하루의 선물은
진짜 어른이 되는
나와의 약속

새벽 공기 마시며
총명해지는 마음

되돌아올 수 없는
시간의 신비,
지상의 가장 견고한 보석이라 생각하며
다시 반짝 윤을 내야겠다

혁신

반복의 나날,
새롭게 만드는 혁신(革新)만이
성장을 가능하게 한다
새로워진다는 건
핵심을 파악해 고쳐나가는 것
그런 갱신(更新)이 가득할 때
새로운 지평을 만나는
기쁨을 느끼게 된다

조급한 성과보다
변화의 과정에서도 의미를
찾을 수 있을 때,
고루한 껍질에 갇혔던
내 마음도 힐링
행복의 길 걷는다

싱크홀

도시의 출퇴근길은 늘 막혀

버스 안에서 기다릴 때가 많다

어느 날 평상시보다 기다림이 길어져

왜 그런가, 창밖을 보니

말로만 듣던 싱크홀

지하철 공사도 큰 건물도 없는

도로를 기습한 싱크홀

미처 피하지 못한 승용차 사고로

도로가 온통 마비 상태다

사계절과 지진 없는

살기 좋은 나라인데

수십 년간 다니던 도로가 꺼지니

예측할 수 없는 사고도

천재지변으로 생각하여야만 할까?

삶이란 게

운명과 천운,

둘 중 하나라니…

순간순간의 삶

어제는 부도 난 수표와 같고
내일은 약속어음에 불과하고
오직 오늘만이 손에 쥔 현금이다
레오 버스카글리아의 말이다

나 또한 지금껏 하루하루의 삶을 채우며
나날을 바쁘게 살고 있지만
진정한 삶을 살고 있는지
살아온 길을 다시 한번 돌아볼 때가 있다

그럴 때마다 앞으로도
나답게 살아갈 용기를 가져야 한다고
거울 속 나에게 다짐하는데,

그런 나의 나는
내면 깊숙이 숨어 있는
자신을 더욱 사랑하라고 속삭인다

아름다운 인연

소중한 인연
옷깃만 스쳐도
인연이라지만

오랜 인연으로
맺어진 인연
무엇과도
비교할 수 없는
값진 보석

친구
선배
스승님
오랜 세월 동행에
늘 감사하다

제3부

사랑의 미래

늘 감사

육십 평생 살다 보니
모든 게 감사
가족 건강함에 감사
책을 쓸 수 있는 것도 감사
나의 주변 지인들이 있어 감사
집 근처 공원에 자연과
호흡하며 걷다 보면
이 또한 감사
목숨이 허락될 때까지
모든 것에 감사하며 살아가리

김장철

곳곳에 배추와 무
우리나라만의
월동 준비가 시작되는
시점
핵가족인 덕분에
요즘은 수돗가에 올망졸망 모여 앉아
김치를 담그는 풍경도 드물다
그래도 마음만은 겨울 준비에
한껏 바빠진다
한국의 김치가 세계적인 발효 식품으로 알려져
뿌듯한 마음이네
모두가 어렵게 살아왔던 시절
집집마다 김치를 비축하면서
입동 준비를 하였다
냉장고도 없었던 시절
항아리 땅속에 묻어
살얼음 낀 김치를 꺼내 먹던
그 시절의 맛
다시 생각나네

다듬잇돌

파주 헤이리 예술마을
한국 근현대사 박물관
유리관 너머로
시대별로 다듬잇돌
곱게 전시된 자태를 만난 뒤
우리 집 베란다
소금 항아리 받침대로 사용하는,
1959년에 만들어졌다는
우직한 다듬잇돌 하나가
생각이 떠올랐다
나 어린 시절,
어머니가 이불 홑청을
그 다듬잇돌에 박자 맞추듯이
방망이로 두들기는 소리도
들리는 듯하네

김치밥

쌀과 김치를 반씩 담고

들기름 넣어 만든 밥

대식구였던 우리 가족이

저녁으로 자주 먹었던 그 밥,

가끔 먹고 싶은 생각이 들 때가 있지만

지금은 함께 먹을 상대가 없네

친정 언니들은 나처럼

그 시절 김치밥 생각이 날까?

그보다 더 맛난 음식은

없지…

매미의 울분

우거진 나무도 아닌
고층아파트 창문에서
강한 소리로 울부짖는다
생식 목적과 영역 표시
사회적 상호작용을
위해 울음을 터뜨린다
성충 매미의 수명은
대개 4주에서 6주 정도
짧은 인생
주어진 시간을 완료할 즈음
생태계, 흙의 건강에 이바지하고
다른 생물들의 먹이가
된다고 하니,
창틀에 붙어
맴맴 울고 있는 매미를 보며
잠시 상념 하네

민들레

바람 따라 자유로이
떠돌다 마음 닿는 곳에
홀씨 하나

돌담 모퉁이
따뜻한 봄볕 아래
노란 모자 쓰고

오고 가는 행인에게
보내는
하이얀 미소 한 점
고와라

사색의 힘

독서는 지식의 재료
온전한 내 것이 되려면
사유와 사색이 필요하다

반복해서 읽고 또 읽어
나만의 지식 재료가 되는
사색의 힘을
키워준 책들

젊은 시절에 더 많은 책과
가까이하였더라면…
책을 읽을 때마다
부족한 점 많아
흘려보낸 과거 시간
아쉬움 더욱 느껴진다

나에게 주어진 시간

얼마나 될지 모르지만

오늘 하루도

지혜롭게 보내야겠다

버스

학창 시절 팔은 가방 쥔 손에

다리는 공중에 밀린 채

나의 몸은

안내양의 손길에 구겨진다

그래도 타기만 하면

안심하던 그때였지

요즘 버스

에어컨과 히터가

계절에 따라 마법처럼 작동하고

좌석이 몇이나 남았는지 예고도 해준다

대중교통도 이렇게 달라졌는데

도로마다 넘쳐나는 자가용 승용차

혼잡과 소음 사이로 늘어나는 이산화탄소

끝 모르게 이어지는 욕망의 심각성

좋은 환경에 살게 됐건만

옛 생각에 잠시

미소를 짓다가

금방 우울해진다

삶은 철학

인생철학에 관한 문장 중
가슴에 스며든 한마디
"삶은 철학이요
인생은 예술이다."
어떤 마음을 가지고 살았는지
이제 되돌아보니
부족하지만
예술가로 최선을 다해 걸어온 삶이
아름다운 인생길임을 알겠네
외로울 수 있는 그 길,
많은 조언으로 활력을 준
영원한 내 편의 응원이 있었기에
늘 감사하며 살아가리

봄눈

겨울잠에 깨어난
지상의 생물들
휘날리는 눈보라에 놀라
다시 잠을 청하려 한다

봄맞이 준비로
겨울옷 정리하던 손길마저
잠시 멈추게 하네

도란거리며 늘어선 나목들 사이로
봄눈 맞으며 걷는 발걸음들
매서운 그물에 걸렸다

봄바람은
저만치
겨울바람에 묻혀
잔뜩 웅크리고 있다

북한산 계곡

기암괴석을 돌아

계곡으로 흘러내리는

물과 수림

멋진 산수화 풍경을 빚어낸다

어린 시절

사계절을 다니며

놀았던 곳,

주변의 환경은 인공(人工)에 닳았지만

산수풍경

계곡과 수림은

여전히 변함이 없네

쑥개떡

초봄 별미 쑥떡
쑥은 단군신화에
등장할 만큼 아주 오랜
역사를 지닌 식재료

쑥개떡 처음 만들며
쑥의 효능을 생각하다가
어머니 옛 추억도
함께 떠올랐네

믹서기도 없었던 시절
절구에 찧어
많은 시간과 노고로
만들어 주시던 쑥개떡
그때는 쑥으로 만든 떡이
반갑지 않았지
왜 그랬을까?

어머니 나이가 되어

처음 만들어 보는 쑥개떡

부족한 솜씨지만

나누는 기쁨

즐거운 마음이네

생각은 씨앗

마음은 정원, 생각은 씨앗
꽃을 키울지 잡초를 키울지
자신의 선택에 달렸다는데
공감되는 말이다
모든 때와 시기에
힘을 다해 멋진 정원을 가꾸면
여유와 평안을 속에서
여생을 보낼 수 있으리라
나 또한 배고팠던 시절
겪어온 습성으로
살아가고 있지만
아들아,
너의 토양을 넉넉하게 다져
지혜의 꽃이 자랄 수 있게 하거라
겉보다는 내면이 더욱 아름다운
진정한 사람의 향기가
너의 정원 가득하길
소망한다

옛 발라드

나의 유일한 힐링 타임은

모든 일과를 마친 후

TV를 시청하는 시간이다

특히 일본과 한국 가수들

화합을 겨루는 노래 대결 프로그램,

일본어를 다 이해할 수는 없지만

화음을 빚어내는 노래들이

마음을 따사롭게 한다

코로나로 인해 제작된 방송이라는데

다른 시청자들도

나처럼 힐링을 누릴 테지

석양

주방 작은 창문으로

선명한 주홍빛이

긴 장마 끝에

자신의 존재를 과시하듯

강한 금빛 물들인 채

나의 시선을 유인한다

저녁노을 화려함에

환호성 절로 나오고

한순간 온몸의 움직임도

정지(停止)

작은 소망

노년층 접어든 난
소망이 뭘까?
종교의 믿음도
사회적 성공도 아닌
심각한 걱정 없이
그날의 주어진 생활에서
최선을 다해 살아온 것이
나만의
진정한 삶인데
가족과 주변 지인들
건강만이 변함없는
삶이 되길
희망하고 싶다

소박한 산책지

산업화 시대 석유 비축 공간
상암 월드컵경기장이 건설되면서
폐쇄된 곳, 문화비축기지
시민 아이디어 공모를 통해 변신한
시민들의 문화 공원
주말에는 아들과
전시도 보고 도서관 산책에 힐링까지
일거양득의 장소
지역 곳곳 다녔지만
집 주변 가까운 곳에서
자연과 소통하며 산책할 수 있는
이만한 곳은 드물다
감각의 선물인가,
발끝부터 머리까지
짜릿하게 전해지는
행복에 놀란다

영화관

몇 년 만에 마음껏 웃으며
영화를 관람했다
코로나로 인해 영화관 출입을
생각도 하지 못하다가
우연히 기회가 되어 관람한 영화
학창 시절
중간고사, 기말고사 끝나면
학교 강당에서 단체로
보던 명작 영화
영화관 출입은
담력 쎈 학생이 아니면
불가능한 시절이었다
모든 요즘 영화와
비교할 수 없지만
그 시절의 영화들이
그리워진다

순간의 기쁨

매 순간의 기쁨
놓치지 않고
살아가는 것도
현명한 삶

이성과 감정이
조화롭게 상승할 때
생활이 도약하고
삶의 힘은 더욱 빛나지
내가 걸어온 나만의 길

차창밖에 스치는
노란 산수유꽃
잔잔한 클래식 음악

아침 생동감이
순간의
기쁨을 더한다

향기

꽃의 향기가 다르듯이
사람에게도
각자의 품격과 향기가 있죠

꽃은 바람으로
알 수 있지만
사람의 향기는
무엇으로 맡을 수 있을까요?

이유 없이 그의 향기에 취해
다가가고 싶은
사람을 느껴 본적
있는지요?

그런 느낌 있는 사람,
영원한 나만의
지인이라 생각합니다

찜방

사오십 대만 해도
숨 막혀 근접도 안 했던 찜질방
고온 막에 몸 맡기고
십 분간 참고 참아
나쁜 불순물을 빼내는
정화 작용으로 믿으며
일주일에 한 번 가던 습관
세월 흐르니
어느덧 노년의 길목에 들어선
나의 몸
참고 참던 그 인내가
새로움을 인식하게 하네

제4부

시 쓰는 오후

까치 행동

집 앞 작은 공원

종이컵 입에 물고

나뭇가지 위에

앉아 있는 까치

길조로 알려져 사랑받았던 새

요즘은 천덕꾸러기 신세

번식력이 좋아

수가 급격하게

증가한 원인이라죠

과실과 농작물에 해를 입혀

재산 피해까지

다각적인 방법을

써서 막으려 하지만

학습 능력이 좋은 까치
접근 봉쇄하기
어려운 실정
호주에서 사람을 공격해
다치는 예까지 많다는데

종이컵 입에 물고
깍깍 짖는 이유는?

가로수

소음과 공해로 지친
거리의 나무들
강한 비바람에
샤워를 마치고
깨끗하게 단장하고 서 있네
오고 가는 사람들
마음 상쾌해지고
덩달아 표정 맑아진다

마무리 하루

두껍던 달력을 세워 놓았던

날이 엊그제 같은데

벌써 한 해 마무리해야 할

시간이 하루뿐이네

코로나로 인해

훌쩍 보낸 몇 년의 시간

서로가 힘들게 버텨왔지만

새해는 전쟁으로 힘든 나라에는 평화가

경제가 힘들어진 모든 이들에게는 평안이

함박눈처럼 가득 도래할 것을

믿으며 기도하리라

녹지 광장

열린송현 녹지광장
인사동 오갈 때
높은 돌담에 가려져 보이지 않던 곳
이제 한눈에 들어온다
서울시가 새로 단장해
시민의 휴식 공간으로 만든 곳
꽃밭과 조각들로 꾸며진 멋진 공원
차창 밖 스칠 때마다
장미의 정원을 걸어가는 듯
향기가 가득

물안개

장대비 내린 후
손에 쥔 솜사탕처럼
한입 넣고 싶네
청와대 뒷산에
언뜻 보이는 안개
정선에서 보았던
하얀 물안개처럼
살포시 온 산봉우리에 흩어져
한 폭 산수화 되었네

산행

북한산 국립공원을
몇 년 만에 다시 찾았다
계곡에는 접근할 수
없었지만
아들과 산행길에 나서며
몇십 년 전 계곡에서
물놀이하던 옛이야기 들려주었다
추억을 회상한 하루
외국인 관광객도 만족하며
산행하는 모습에
여유로운 미소가
절로 입가에 걸린다

봄맞이

시장 입구 봄꽃
옹기종기 작은 꽃
발길 멈추게 하네

입춘은 입구에
서성이고 있건만
겨울바람 떠나기 아쉬워
주춤거린다

가로수 이발하는
인부들
봄맞이에 구슬땀
송골송골

서오릉

서쪽에 있는 다섯 기의 능
초중고 시절
단골 소풍 장소

그 시절
늘 찾던 장소여서
거기 묻힌 이들의 사연과 역사를 찾기보다
관성의 힘으로
김밥 도시락만 비우기에 바빴네

어느덧
청년이 된 아들도
나처럼 그곳으로
소풍을 가고 사생대회를 다녔던 장소

먼 지역에 살면

한번 오기도 어려운 곳

견학 온 어린 학생들 보니

그 시절 상념에 잠시 발길이 멈추어지네

옛 생각 어디쯤을 더듬다

번쩍 눈을 뜨니

아들과 함께

이번에는 제대로 역사 탐방

깊이를 갖게 되었네

시간

쏜살같이 떠난 시간

만추의 풍경 폭설로 덮어

지붕을 무너뜨리고 길을 잃게 한다

재난에 떠는 사람들

더욱 서러워지고

고성에서 군 복무했던 아들

봄까지 눈 치우느라 얼마나 시달렸는지

설경조차 싫다 하네

폭설을 이고 있는 나무들

가지 똑똑 부러지고, 한없이 내려앉는다

먼 설경은 한 폭 산수화

하얀 첫눈 발자국

주인공 되어 걸으며 좋아했던 시절,

조연처럼 졸졸

따라다니던 강아지 백구

어린 시절

갑자기 떠오르네

짧은 청년기

아침은 청년기를 맞는 것
저녁 자리에 누울 때는
그날의 황혼기라죠
이른 새벽 자리에서
일어나 청년기로
새로운 하루
무거운 몸동작일지라도
마음만은 가볍게
짧은 시간을
알차게 청년기의
마음으로 시작하자

언어는 존재의 집

독일 철학자 하이데거의
존재론
생각과 감정, 행동을
바로 잡아
앞섰던 상황을
차분히 멈추게 하여
나를 바로 세운다
존재를 지키려면
말투, 표정, 행동, 습관
모든 것을 어떻게 실행해야 할까?
어른이 되는 길
다시 한번
침묵

코스모스

푸른 벌판 한 송이

코스모스

어린 아이를 보호하듯

서로 어깨를 두드려가며

서 있는 듯하네

짧은 초가을

어느 시점에 멈춰

어린 코스모스

안아주던 보호자는

사라지고

홀로 삶을

살아가고 있네

자연 전쟁

화학 전쟁, 자연 전쟁
색은 다르지만
무섭게 다가오는 것은
비교할 수 없네
자연을 화나게 만든
인간의 유죄
병든 세상을 치유하려면
많은 세월이
필요한데
그날이 올 수는
있을까?

최후의 승자

집중력 발휘해 책을
보는 중 머릿속은
갈팡질팡
젊은 시절엔
많은 생각으로
움츠리고 살아왔지만
노년기엔
즉흥적이고 긍정적으로
생각이 변해가는 것
더 이상 두렵지 않다
긴 목숨보다 참된 삶
살아가려면 책임감과
주어진 경험을 다져
성실히 사는 게
최후의 승자
되는 길 아닐까?

환경

주어진 환경을 탓하지 말자
결과에 대한 책임은 오직 나에게 있다
큰물 같은 변화를 겪고 있는 지금,
자신의 현재 위치를
궁핍한 시대 때문이라고 말하지 말자

주어진 여건 속에서
누군가는 무지개를 만들고, 다리를 놓는다
자신이 좇는 이상을 향해
자기만의 성취감을 가지고 최선을 다해
살아낸 사람들,
더 많은 변화는 이들 덕분이리라

풍족하지 않던 시절

형제간의 끈끈한 우애로

가난과 궁핍을 이기고 조금씩

길을 만들어왔다

그런 형제들

함께 모이는 날이면

옛 추억의 담소로

밤새 이야기꽃이 핀다

폭우

아팠던 지구가
참을 만큼 참다가
물 폭탄을 마구 퍼부어
인간에게 보복할 때,
회상(回想)의 뒷모습을 껴안고
빗속을 걸으며
받쳐 든 우산에도
나의 몸은
수직의 빗줄기를 감당하지 못하지만
온 세상이 깨끗하게 씻기듯
마음이 상쾌하다

형태화

삶의 향기

작은 습관이 큰 성과를 주게 된다.

낭비와 과소비는 자신의 재산을 도둑질하는 것이다.

경험은 최고의 교육이다.

백 마디 말보다 한 가지 실천이 소중하다.

삶에는 끝이 있지만, 배움에는 끝이 없다.

자기 자신을 알아야만 세상을 알 수 있다.

꾸준한 노력과 실천은 성공의 길이다.

과거는 미래의 등불이다.

책은 마음속 씨앗이다.

책은 미래의 꿈이 될 수 있다.

모든 해결의 열쇠는 자신이 쥐고 있다.

기회를 가질 수 있는 사람은 준비가 된 사람이다.

몰입은 인생을 바꾸는 기초가 될 수 있다.

멀리 있는 것을 욕심내다
가까운 곳에 있는 것까지 잃게 된다.

총명한 사람도 기록하는 게 더 좋다.

자연의 순리대로 사는 게 아름답다.

하루의 계획은 새벽에 활용하면 좋다.

책은 지식을 쉽게 내 것으로 만들 수 있다.

때에 알맞게 행동하는 인생이 현명한 삶이다.

봄에 씨를 뿌려야만 가을에 수확할 수 있다.

덕을 아는 사람은 외롭지 않다.

현실적으로 살다 보면 이상을 실현할 수 있다.

좋은 마무리는 좋은 시작에서 출발한다.

똑똑해도 바른길을 가지 않으면
그 성공은 오래가지 못한다.

자신의 잘못은 책망해도 남의 잘못은 책망하지 말자.

유익한 책은 독자가 만든다.

학력은 높아졌지만, 인격은 더 부족하다.

자기 자신이 현명하다고 생각하면 바보다.

쓸모없는 것이 오히려 쓸모 있는 것이 될 수 있다.

하루에 아침을 두 번 맞이하지 못한다.

아무리 쉬운 일이라도 중간에 포기하면 이룰 수 없다.

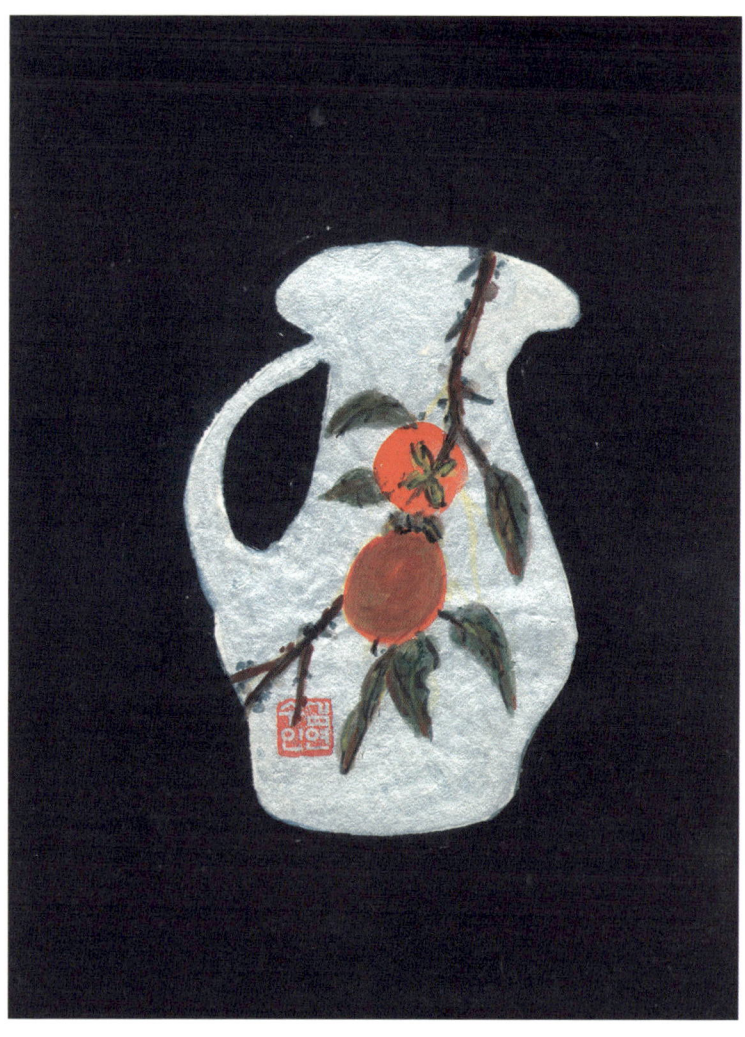

돈으로 산 충성심은 돈과 같이 사라진다.

느린 것은 죄가 아니고 게으른 것은 죄다.

노력은 많은 것을 바꾼다.

아침에 잠을 자는 사람은 꿈을 꾸지만,
깨어 있는 사람은 꿈을 이룬다.

자신에 대한 불성실은 최대의 정신적 범죄다.

시계는 살 수 있지만, 시간은 살 수 없다.

꿈을 가지고 사는 사람은 현실을 이룰 수 있다.

행복은 성공의 열쇠다.

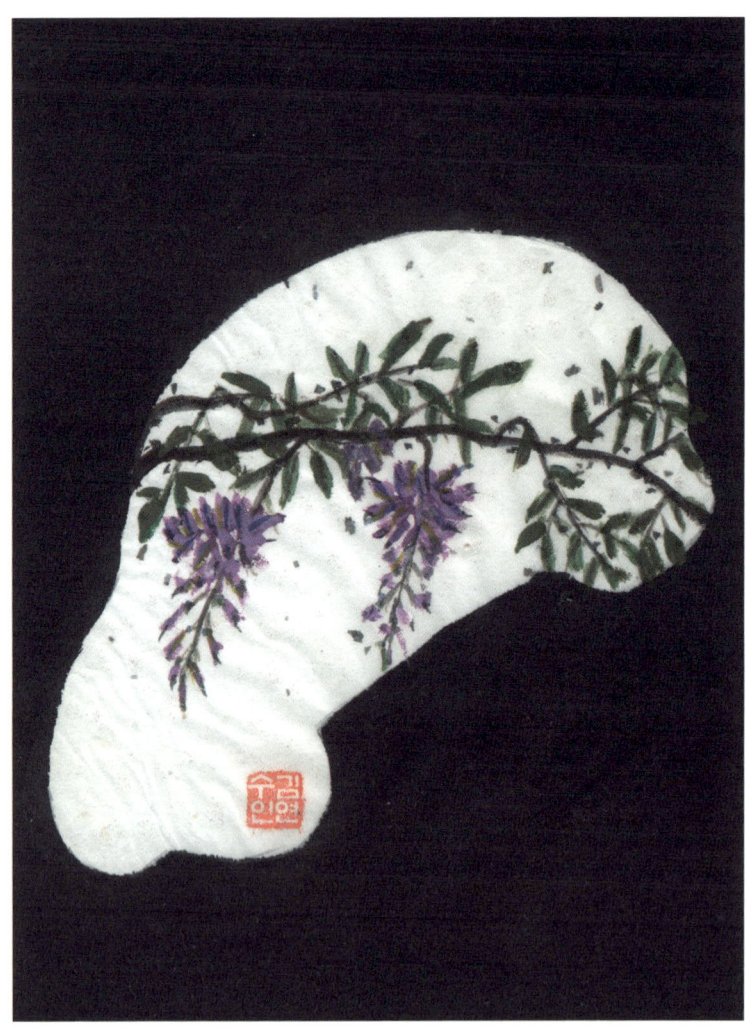

지혜로운 사람은 모든 것에 미혹되지 않는다.

아는 만큼 세상을 볼 수 있다.

인생 이모작을 준비하며 사는 게 현명하다.

내가 알고 싶은 것은 모두 책에 있다.
책은 나의 가장 좋은 친구다.

혼자 있을 때 바르게 생활하는 사람은
어디를 가도 잘할 수 있다.

본바탕이 바르면 행동도 바르게 된다.

받는 기쁨보다 주는 기쁨이 더욱 좋다.

행동하지 않으면 말은 아무런 소용이 없다.

한 부분만 보아도 전체를 짐작할 수 있다.

어른은 등을 먼저 보여주고 길을 여는 존재다.

처음 시작은 용기 있는 사람만이 할 수 있다.

말은 줄이고 행동을 알차게 해야 한다.

큰일을 이루려면 작은 곳에서부터
시작하는 게 좋다.

운명은 자기 마음속에서 성장하는 것이다.

공짜는 바라지 말자.

행복은 가까이에 있다.

실패는 더 배우라는 교훈이다.

삶에도 여백과 공간이 있어야 아름답다.

정성을 다하고 나면 기적도 바랄 수 있다.

인맥보다 자기 계발하며 살자.

좋은 인연은 내 안의 빛과 같다.

후회보다 만족하는 하루를 보내자.

몰입하며 사는 인생은 즐겁고 행복하다.

달변보다는 진실한 한마디가 더 감동을 준다.

평균 수명은 늘어났지만,
시간 속에 삶의 의미를 넣는 법은 상실했다.

성공한 사람은 긍정적인 사고방식과
포기하지 않는 강한 열정이 있다.

늦었다는 순간을 시작이라고
생각하면 빠른 길이 될 수 있다.

진정한 경쟁 상대는 오로지 자신이다.

좋은 사람 찾지 말고, 먼저 좋은 사람이 되자.

배우기에 힘쓰는 사람은 유능하다.

친구들 우정은 자신에게 주는 선물이다.

큰일을 할 때는 반드시 시작과 끝을
신중히 해야 한다.

성공은 노력과 도전만이 지름길이다.

길은 잃어도 친구는 잃지 말자.

젊어서 노력하면 늙어서는 기쁨뿐이다.

삶의 의미는 만들어 가는 것이다.

지난 과거는 현재를 알게 하는 길이다.

평생 배움이 삶의 진실이 될 수 있다.

열심히 살아가는 모든 직업인은 예술가다.

우리가 존중해야 하는 것은
단순한 삶이 아니라 올바른 삶이다.